HISTOIRE

DE L'OUVERTURE

ET DE L'EMBAUMEMENT

DU CORPS

DE LOUIS XVIII.

HISTOIRE

DE L'OUVERTURE

ET DE L'EMBAUMEMENT

DU CORPS

DE LOUIS XVIII,

FONDATEUR DE L'ACADÉMIE ROYALE DE MÉDECINE.

PAR F. RIBES PÈRE,

médecin ordinaire de l'Hôtel royal des Invalides.

PARIS,

IMPRIMERIE DE PLASSAN, RUE DE VAUGIRARD, Nº 11.

—

1834.

HISTOIRE

DE L'OUVERTURE

Et de l'Embaumement

DU CORPS

DE LOUIS XVIII.

Le roi Louis XVIII mourut le jeudi 16 septembre 1824, à quatre heures du matin. Le vendredi 17, vingt-huit heures après le décès, l'ouverture du corps fut faite en présence de plusieurs grands-officiers de la couronne.

Dans la journée du jeudi, j'avais reçu, de la part de M. le premier médecin, l'invitation de me rendre le lendemain, à sept heures du matin, au château des Tuileries. Lorsque j'y arrivai, je trouvai déjà réuni dans les appartements un grand concours de monde. On y remarquait M. le prince de Talleyrand, grand-chambellan; M. le duc d'Aumont, premier gentilhomme de la chambre du roi; M. le marquis de Boisgelin, grand-maître de la garde-robe; M. le baron Portal, premier médecin du roi ; M. le baron Alibert, médecin en second ; M. Landré - Beauvais, médecin-consultant (il y était à titre de doyen de la Faculté) ; M. le baron Dupuytren, premier chirurgien ; M. Distel, premier chirurgien honoraire ; M. Fabre, premier pharmacien ; les deux médecins et les deux chirurgiens ordinaires ; la plupart des médecins et des chirurgiens par quartier. Il y avait encore des médecins étrangers à la maison du roi, et un grand nombre d'autres personnes qui avaient été invitées.

L'aspect imposant qu'offrait cette réunion, semblait plutôt annoncer la célébration de quelque cérémonie extraordinaire, que la simple autopsie d'un corps inanimé.

Tous les assistants s'attendaient à voir M. Dupuytren procéder lui-même à l'ouverture du corps, lorsque M. le premier médecin nous désigna nommément M. le professeur Breschet et moi, pour faire cette opération, et nous chargea de l'embaumement (1).

M. Pelletan, médecin par quartier, profes-

(1) Il paraît que, dans cette occasion, M. Portal suivit un ancien usage : en effet, à l'ouverture des corps de Charles IX, d'Henri III et d'Henri IV, *Mazille*, premier médecin, et Ambroise *Paré*, premier chirurgien de ces rois, assistèrent à l'autopsie, mais *Guillemeau*, chirurgien ordinaire, fut chargé de l'opération.

seur de physique à la Faculté de Médecine, fut invité par M. Portal à prendre la plume et à rédiger le procès-verbal de l'autopsie.

Avant l'ouverture des principales cavités, la surface extérieure du corps fut examinée.

Les membres supérieurs et inférieurs semblaient être bien en rapport avec la tête et la poitrine, mais l'abdomen paraissait être un peu hors de proportion avec ces parties.

Les membres inférieurs, sans être contrefaits, étaient un peu difformes, et les hanches étaient très-écartées.

Nous trouvâmes la peau en général souple, blanche et saine, mais à l'abdomen elle tirait un peu sur le jaune. Il nous fut impossible de reconnaître les traces d'une cicatrice qu'on nous assura devoir exister à la partie gauche et supérieure de la tête, comme résultat d'un coup de balle. Un valet-de-chambre nous rapporta qu'en recevant cette blessure, Sa Majesté avait dit : « Un peu plus bas, le roi de France s'appellerait Charles X. » Il ne fut pas fait mention de la circonstance dans laquelle cet accident était arrivé.

Les yeux étaient ternes, mais non flétris ; le nez portait une petite plaie contuse que le monarque s'était faite en tombant sur le bord d'une table. La langue et la bouche étaient sèches ; il manquait plusieurs dents.

Au bras droit il y avait une cicatrice ancienne, résultat d'un cautère ; au bras gauche, un cautère ouvert.

On voyait un ulcère assez profond dans la région du sacrum et du coccix, et à la cuisse gauche les traces d'un vésicatoire.

A la moitié inférieure des jambes et aux pieds, la peau était d'un brun foncé jaunâtre. Elle était rugueuse, avait l'apparence desséchée, et présentait des tubercules en forme de petites éminences cornées.

La partie externe du pied droit présentait des traces très-marquées de gangrène sénile. Les trois phalanges du petit orteil étaient tombées, et la moitié antérieure du cinquième os du métatarse était détruite par la carie. Les deux dernières phalanges des quatrième et troisième orteils étaient aussi tombées par gangrène ; les premières phalanges de ces doigts étaient à découvert et entièrement dénudées. Les premier et second orteils étaient intacts. Toutes les parties molles de la moitié externe du pied jusques y compris celle de la malléole externe, étaient frappées par la gangrène.

Après avoir examiné l'extérieur du corps, nous avons procédé à l'examen des cavités splanchniques et des parties qui s'y trouvent contenues.

Extrémité encéphalique.

Le côté gauche de la tête nous a paru plus élevé que le droit.

Les téguments du crâne ont été crucialement incisés jusqu'aux os, et les lambeaux ont été renversés sur les côtés. Nous avons remarqué que le péricrâne se détachait avec la plus grande facilité, et presque comme s'il n'avait été que simplement appliqué sur les os. Il a suffi de tirer avec la main les lambeaux par leurs angles, pour les séparer des os.

Les muscles crotaphites étant détachés, et la région temporale ruginée, le crâne a été scié circulairement, depuis la bosse nasale jusqu'au-dessus de la protubérance occipitale externe, et bientôt la voûte du crâne a été séparée de la base.

Les sutures étaient encore assez marquées. L'épaisseur des os du crâne était très-peu considérable, surtout dans les régions temporales : cette épaisseur était un peu plus grande dans les régions frontale et occipitale ; mais en général elle était si mince, qu'au second trait de scie l'instrument a pénétré dans la cavité encéphalique. Les os du crâne étaient très-blancs, et ils avaient très-peu de densité.

L'adhérence de la dure-mère aux os du crâne n'était pas très-grande : ces deux parties se séparaient par une médiocre traction , surtout vers les côtés ; dans le milieu cette adhérence était plus considérable, à cause des sutures.

Les éminences mammillaires et les impressions digitales étaient très-marquées relativement à l'épaisseur du crâne ; les sillons pour loger les artères meningiennes étaient bien apparents.

Vers la partie antérieure de la face interne du pariétal droit, près de la suture sagittale, on apercevait une cavité profonde ; l'os dans ce point était extrêmement mince et cédait à la moindre pression : un petit effort aurait pu le fracturer. Cette cavité logeait une espèce de ganglion qu'on nomme glande de Pacchioni. Ce corps était environné et pénétré d'un appareil vasculaire beaucoup plus grand qu'on ne l'observe ordinairement.

La dure-mère était molle, flasque et un peu

colorée en rouge. La faux du cerveau présentait une large ossification qui commençait à trois lignes de l'apophyse *crista-galli*, et se prolongeait en arrière dans l'étendue de deux pouces. Elle avait environ huit lignes en largeur; elle était mince et comme tranchante en haut, mais vers son bord libre elle avait à peu près quatre lignes d'épaisseur. Elle était dans ce point inégalement bosselée, et comme si elle avait été exostosée. La dure-mère, du reste, n'offrait rien de particulier.

Le sinus longitudinal supérieur et les sinus latéraux avaient le développement et l'étendue ordinaires; mais ils étaient rouges et paraissaient enflammés dans leur intérieur : ils contenaient très-peu de sang.

Entre la dure-mère et l'arachnoïde, entre cette dernière membrane et la pie-mère, sous celle-ci, dans les anfractuosités du cerveau, dans les intervalles des hémisphères et dans les ventricules, il y avait de la sérosité qui abreuvait toutes ces parties, et dont la quantité pouvait être évaluée au moins à trois onces.

L'arachnoïde était plus épaisse que dans l'état ordinaire. La pie-mère était légèrement enflammée, principalement vers la partie supé-

rieure des hémisphères du cerveau. Les circonvolutions de cet organe étaient extrêmement
marquées et les anfractuosités très-profondes ;
de sorte que, préparé d'après le procédé du
docteur Gall, le cerveau, par le développement
de ses circonvolutions, aurait présenté une surface d'une très-grande étendue. Je n'ai point
observé de différence dans le volume entre l'hé-
misphère droit et le gauche.

L'organe encéphalique était consistant dans
toutes ses parties, mais cette consistance s'est
principalement fait remarquer au pont de Va-
role, aux prolongements du cerveau, du cerve-
let, et à la queue de la moelle allongée. La substance corticale et la substance médullaire étaient
très-distinctes ; cependant la couleur grise de la
première semblait moins prononcée que dans
l'état ordinaire, et celle de la seconde était réel-
ment d'un blanc tirant un peu sur le gris. Les
vaisseaux qui traversent ces substances étaient
pleins et gorgés de sang.

Les plexus choroïdes étaient décolorés par
leur macération dans la sérosité dont les ventricules latéraux étaient remplis.

Les corps cannelés et les couches des nerfs
optiques étaient peu développés relativement

au reste de l'organe encéphalique, et présentaient moins de consistance que les autres parties du cerveau.

La glande pinéale, un peu plus volumineuse qu'on ne l'observe ordinairement, contenait des graviers dans son épaisseur. Cette disposition, comme je l'ai dit il y a long-temps, semble annoncer qu'il se fait une grande circulation dans l'intérieur de ce corps, ou plutôt dans le réseau vasculaire qui l'entoure. Le canal vertébral n'a pas été ouvert, mais il s'en est écoulé environ deux onces de sérosité.

Thorax.

Après la tête, nous avons passé à la poitrine et au ventre. Nous avons d'abord fait une incision à la partie supérieure de la poitrine, un peu au-dessous des clavicules. Cette incision a été prolongée vers le bord antérieur de l'aisselle; nous l'avons fait descendre sur les côtés de la poitrine et de l'abdomen, et nous l'avons prolongée encore jusqu'à la crête de l'os des iles.

Cela fait, nous avons disséqué la peau et les muscles, que nous avons renversés sur le thorax; nous avons scié en travers la première pièce du sternum, ainsi que les côtes dans leur milieu :

alors le sternum, la moitié antérieure des côtes et leurs cartilages ont été également renversés sur l'abdomen.

Ces opérations terminées, nous avons d'abord examiné les parois de la poitrine, et ensuite les organes contenus dans cette cavité.

Il y avait l'épaisseur d'un pouce de tissu cellulaire graisseux, de couleur jaune, qui semblait être le reste d'un grand embonpoint. Les muscles de cette région étaient pâles, décolorés, et pénétrés de beaucoup de graisse. Les côtes et le sternum étaient mous, cédaient facilement à la pression entre les doigts, et ont été très-aisément divisés par la scie : on les coupait aussi avec les ciseaux sans éprouver une grande résistance. Les cellules de ces os étaient pénétrées et abreuvées de sang.

Organes de l'intérieur du thorax. Les poumons doivent être restés sans altération jusqu'aux derniers jours de l'existence du roi, car ils étaient de couleur naturelle, mous, souples, crépitants et parfaitement sains; seulement, au poumon gauche, on voyait en arrière les traces d'une légère phlogose; tout-à-fait en bas, et antérieurement, il y avait une faible adhérence qui ne devait exister que depuis très-peu de temps, car elle s'est décollée fort aisément ; il y avait également une adhérence molle qui unissait les deux lobes du poumon.

Nous avons trouvé environ cinq onces de sérosité sanguinolente dans la cavité gauche de la poitrine, résultat de la légère inflammation de la plèvre pulmonaire et costale. La cavité droite de la poitrine n'avait de sérosité dans son intérieur que ce qu'il en fallait pour la lubréfier ; le poumon droit offrait, en haut et en arrière, une adhérence peu étendue, mais forte et paraissant ancienne.

Le péricarde ouvert ne nous a point présenté de sérosité ; cette surface était seulement légèrement humide. Le cœur, sans être malade, était d'un grand volume ; on remarquait sous la membrane capsulaire une grande quantité de graisse qui l'entourait en entier.

Les parois du ventricule et de l'oreillette droite étaient minces, molles, d'un rouge pâle. A son attache à la zône tendineuse, le bord membraneux de la valvule tricuspide présentait quelques points qui s'étaient ossifiés. Les valvules sigmoïdes, du côté de l'artère pulmonaire, présentaient aussi de légères ossifications. Les colonnes charnues n'offraient rien de particulier.

Il n'y avait ni sang ni fibrine dans le ventricule droit. Cependant les parois de cette cavité étaient d'un rouge foncé, et cette couleur se continuait dans l'intérieur de l'oreillette droite, dans les veines caves supérieure et inférieure, où elle devenait plus marquée ; elle se continuait aussi à l'artère pulmonaire, mais la rougeur était moins intense.

Le ventricule gauche et l'oreillette du même côté ne contenaient point de sang : ces cavités étaient absolument vides. La couleur rouge des parois était moins forte que dans l'oreillette et le ventricule droits. La portion membraneuse de la valvule mitrale, jusqu'à peu de distance de son attache à la zône tendineuse, était ossifiée et se présentait sous la forme d'une lame osseuse circulaire. Les valvules sygmoïdes de l'origine de l'artère aorte étaient presque entièrement ossifiées ; seulement, à leur attache à l'origine de l'aorte, elles étaient encore membraneuses, et cette portion membraneuse leur servait comme de ligament, ce qui leur permettait de se mouvoir et de remplir encore, en partie, la fonction qui leur était destinée. Il en était de même pour la valvule mitrale, qui, quoique ossifiée, exécutait des mouvements, parce qu'à son attache elle était restée membraneuse : sans doute ces mouvements devaient être très-gênés.

Malgré les altérations que nous avons trouvées à la poitrine, les fonctions des organes qu'elle contient ne paraissent pas avoir été sensiblement troublées, et l'inflammation légère de la plèvre a probablement été l'effet de la maladie principale dans les derniers temps de la vie.

L'artère aorte était blanche, et les veines caves rouges ; mais ces vaisseaux étaient d'un calibre très-petit, relativement à la grandeur du corps. Les nerfs étaient blancs, et le tissu cellulaire jaune.

Abdomen.

L'ouverture de l'abdomen n'a point laissé exhaler d'odeur, et pour ne pas altérer la couleur des parties, on n'a pas fait usage du chlore. L'abdomen était volumineux, arrondi, et la saillie qu'il formait était produite par la graisse des parois de cette cavité, par la graisse des épiploons, par celle qui entoure la région des reins, et surtout par une grande quantité de gaz renfermée dans le canal intestinal, qui contenait très-peu de matières stercorales. Il n'y avait point de sérosité épanchée dans la cavité de l'abdomen : les viscères étaient seulement lubréfiés par une légère vapeur séreuse ; ils étaient simplement humides.

Le grand épiploon était libre ; il recouvrait tous les intestins et s'étendait jusqu'à la partie inférieure de la région hypogastrique ; il était épais et contenait beaucoup de graisse.

Le foie était peu volumineux, le lobe gauche peu développé ; le petit lobe de Spigel, une fois plus gros que dans l'état ordinaire, était d'une couleur brun foncé, mais d'ailleurs très-sain. La vésicule biliaire, très-développée, contenait beaucoup de bile d'une couleur jaune foncé ou presque noir ; elle contenait aussi trente calculs d'un jaune tirant sur le noir. Il y en avait d'un volume d'un gros pois. Les canaux cystique et cholédoque étaient très-dilatés et présentaient un calibre assez grand pour permettre un libre passage à la sortie de ces calculs ; ainsi leur présence dans la vésicule n'a pu donner lieu à aucun accident, et ils n'ont eu aucune part à la maladie.

La rate, de forme triangulaire, était aussi très-peu volumineuse ; elle était saine, excepté dans un point où il y avait un corps rond, de couleur rouge, du volume d'une grosse cerise ; résistant à la pression : il nous a paru être un corps ou une tumeur vasculaire, qui, par la suite, aurait pu prendre plus de développement.

Entre les deux feuillets du mésocolon transverse, nous avons trouvé une tumeur ovale de la grosseur d'un œuf de poule ; elle était placée en travers, près du bord supérieur du pancréas ; elle était molle et contenait dans son intérieur une matière d'un rouge noirâtre, mêlée dans quelques points d'une matière blanche pâteuse. Elle était renfermée dans une sorte de kyste assez épais, qui présentait des ouvertures comme celles qui partent de l'intérieur d'une artère ou qui vont s'ouvrir dans un gros tronc de veines.

Les avis ont été partagés sur la nature de cette tumeur. Les uns ont pensé que c'était un anévrysme : ils fondaient leur opinion sur la couleur de la matière renfermée dans la tumeur, sur l'épaisseur des parois du kyste et sur les ouvertures dont il était percé, ouvertures qu'ils prenaient pour l'origine des branches artérielles qui semblaient en partir, et qu'ils jugeaient analogues aux parois des artères. Les autres étaient d'une opinion contraire : ils regardaient cette tumeur comme veineuse ou variqueuse, se fondant de leur côté sur ce que la matière qu'elle conte-

nait n'était pas formée de sang coagulé, et dis-
posé par couches appliquées les unes contre les
autres, comme dans les anévrysmes, mais res-
semblait bien à la matière qui se trouve dans
les veines variqueuses, et qui est le produit du
sang qui s'y est arrêté, et a cessé d'y circuler : ce
sang ainsi épaissi forme des fibres enlacées les
unes dans les autres en différents sens. Ils fondaient encore leur opinion sur ce que les vaisseaux courts étaient très-développés, sur ce que
l'artère splénique donne dans son trajet moins
de branches que la veine splénique, qui, outre
les vaisseaux courts, fournit un grand nombre
de branches, et de très-grosses, dont les embou-
chures, dans cette veine, sont analogues à celles
qu'ils voyaient dans l'intérieur des parois de la
tumeur. M. Portal dit que ce n'était ni une tumeur anévrysmale, ni une tumeur variqueuse,
mais que c'était bien une tumeur stéatomateuse.
M. le docteur Salmade pensait comme M. Portal.
Il était trop facile de vérifier le fait pour lais-
ser plus long-temps la question indécise.
Comme M. Breschet et moi nous tenions le scalpel, nous mîmes à découvert le tronc cœliaque,
et nous suivîmes l'artère splénique jusqu'à la
rate. Cette artère fut reconnue saine et sans la

moindre altération; ainsi toute idée d'anévrysme fut évanouie. Nous mîmes ensuite à nu la veine porte ventrale; nous disséquâmes la veine splénique jusqu'à la rate, et l'on fut convaincu que c'était cette veine qui formait la tumeur. Alors nous examinâmes de nouveau la matière qu'elle contenait. Nous reconnûmes qu'elle était formée d'une substance fibrineuse, d'un rouge tirant sur le noir. On la voyait, comme il a été dit plus haut, entremêlée d'une petite quantité de matière blanchâtre, molle, pâteuse, douce au toucher, semblable dans quelques points à de la gélatine, dans d'autres à du suif ou du pus épaissi; de sorte qu'à elle seule cette tumeur réunissait les qualités de la varice obstruée, du stéatôme, de l'athérôme, du mélicéris, et l'on aurait pu même lui trouver dans son ensemble quelque rapport avec certaines tumeurs cancéreuses : ainsi, au premier abord, M. Portal avait presque désigné la nature de la maladie; mais ce qu'il y a de très-positif, c'est que les parois du kyste de cette tumeur étaient formées par la veine splénique dilatée.

Cette petite discussion, à laquelle plusieurs médecins prirent part, ne présenta rien de contraire aux convenances et à la considération que méritaient les circonstances, les lieux et les personnes. Elle fut calme, pleine de dignité, et quoique rapportée ici, peut-être un peu longuement, elle passa presque inaperçue pour beaucoup d'assistants un peu distraits.

Les parties qui environnaient la tumeur étaient saines, n'offraient aucune altération.

Le pancréas était très-volumineux et d'une densité remarquable, mais cependant très-sain.

L'estomac et le canal intestinal, distendus par des gaz, étaient d'un gris brunâtre à l'extérieur. Dans sa face interne, l'estomac nous a présenté, vers son grand cul-de-sac ou sa grosse tubérosité, des traces bien évidentes d'inflammation. La membrane muqueuse dans ce point avait ses vaisseaux fort injectés de sang : cette tunique était comme arborisée par les ramifications de ces vaisseaux, et leurs dernières divisions s'unissaient et se confondaient dans le point enflammé. A l'ouverture du pylore, il y avait une petite tumeur du volume d'un gros pois, et de la nature des corps fibreux.

La tunique muqueuse de l'intestin duodénum et celle du commencement du jéjunum étaient aussi enflammées, et cette inflammation se faisait surtout remarquer aux bords des valvules conniventes, et aux villosités de ces portions d'intestin. Le reste du canal alimentaire ne présentait rien de particulier.

Les reins étaient d'un volume ordinaire, et plutôt petits que volumineux. Ils étaient plongés dans une grande quantité de graisse. Les capsules surrénales étaient assez développées relativement aux reins, et entourées aussi de beaucoup de graisse. L'uretère offrait un canal très-étroit ; la vessie, qui ne contenait point d'urine, était petite, peu développée.

Je ne sais quelle raison avait fait croire qu'il n'y avait qu'un testicule dans le scrotum, et que l'autre était resté dans l'abdomen : je me suis assuré que les deux testicules étaient réellement dans les bourses. Ces organes avaient peu de volume.

Le gland était recouvert de son prépuce, qui avait une ouverture très-étroite, ce qui constituait un phimosis naturel. Cette ouverture était si petite, qu'il paraît difficile que le gland ait jamais entièrement été mis à découvert. Cette disposition, chez les personnes avancées en âge, est presque la preuve qu'elles n'ont pas eu l'habitude de la masturbation, et qu'elles n'avaient pas abusé du coït.

Les autres parties du corps se sont présentées dans l'état suivant :

Le bassin était large, évasé ; les cavités cotyloïdes étaient très-écartées et paraissaient dirigées très en dehors, ce qui devait donner à la démarche une allure gênée, et la rendre difficile.

Les os, qui étaient en général petits, avaient perdu de leur solidité, surtout à leur partie spongieuse. Le scalpel, plongé sur les condyles du fémur, à l'extrémité supérieure du tibia, dans les os du tarse, a pénétré très-facilement dans leur épaisseur, comme aussi dans les côtes et le sternum. Les cartilages des côtes étaient ossifiés.

Les muscles étaient en général mous, pâles, décolorés, et se déchiraient facilement. Beaucoup de couches ou lames graisseuses les pénétraient. A la moitié inférieure des jambes, les muscles, leurs tendons, et les aponévroses étaient confondus avec le tissu cellulaire sous-cutané, qui était comme lardacé ; à la moitié supérieure, les fibres musculaires étaient plus marquées.

Les artères étaient généralement vides, d'un petit calibre : la couleur de leurs parois était très-blanche.

Les veines aussi étaient vides ; la couleur de leurs parois était rouge ; la tunique interne surtout présentait les traces les plus évidentes d'inflammation, mais cette affection est constante chez toutes les personnes qui périssent atteintes de gangrène sèche.

Cette inflammation doit s'être présentée par des caractères très-évidents pendant la vie : malheureusement la médecine ne possède encore aucun moyen efficace contre la phlébite accompagnant la gangrène sénile.

Nous n'avons pu rien observer sur les vaisseaux lymphatiques, sur les glandes, ni sur les nerfs.

En général, dans ce corps qui, durant la vie, avait ses innombrables vaisseaux remplis de sang et de lymphe, qui avait les aréoles et les vacuoles de tous les tissus pénétrés, abreuvés par une énorme quantité d'humeur, maintenant, comme il a déjà été dit, on ne trouvait plus de sang ; les artères et les veines étaient vides ; aucun tissu n'était infiltré ; la vessie ne contenait point d'urine ; il n'y avait pas une goutte de fluide dans la partie droite du thorax, dans le péricarde, ni dans l'abdomen. Mais la graisse était encore assez abondante dans toutes les parties ; la vésicule du fiel était pleine de bile ; il s'était épanché beaucoup de sérosité entre les méninges, dans les différentes surfaces du cerveau, dans le canal vertébral, ainsi que dans la cavité gauche de la poitrine. Toutefois cette graisse et cette sérosité étaient loin de représenter la très-grande quantité d'humeurs qui avaient disparu par le seul fait de la mort.

Ici s'est terminée l'autopsie.

Immédiatement après l'ouverture du corps, nous avons procédé à l'embaumement, d'après la manière décrite dans l'ouvrage de Dionis, et dans l'anthropotomie de Tarin. Dix heures ont été employées à cette opération, qui a été faite avec tout le soin dont nous étions capables.

Le lendemain de l'embaumement, le corps fut posé dans un cercueil en présence des grands-officiers de la couronne, et remis par le premier médecin au grand-maître des cérémonies. Après plusieurs jours d'exposition, les restes de S. M. Louis XVIII furent portés à Saint-Denis, accompagnés d'un nombreux cortége ; mais, contre l'usage, et au grand étonnement de beaucoup de personnes, le corps ne fut pas présenté à l'église de Notre-Dame de Paris.

Les détails que je publie aujourd'hui sur l'ouverture du corps du roi Louis XVIII, je les écrivis le soir même, en rentrant chez moi : les objets m'étaient aussi présents que si je les avais eus encore sous les yeux.

Segniùs irritant animos demissa per aurem,
Quam quæ sunt oculis subjecta fidelibus, et quæ
Ipse sibi tradit spectator.

HOR., *Art p.*

Nous ne nous doutions guère que peu de temps après notre opération, nous serions accusés, dans un petit journal de médecine, du crime de sacrilége et de lèse-majesté, pour avoir osé porter le scalpel sur le corps mort du roi Louis XVIII; aussi me déterminai-je, à cette époque, à composer un petit article, qui avait pour but de repousser l'accusation. Je le communiquai à M. Portal, qui l'approuva, mais qui me donna le conseil d'en remettre la publication à un temps plus reculé. Je crois qu'à présent ce que j'ai rédigé sur ce sujet peut être publié sans conséquence.

On sait que ce n'est pas d'aujourd'hui seulement qu'on a ouvert et embaumé les corps des grands hommes et des souverains. Loin d'être un crime, l'embaumement était chez les Égyptiens une sorte de culte rendu aux morts. Si nous jetons un coup d'œil dans *la Genèse,* nous voyons que Joseph fit embaumer le corps de son père Jacob.

« Joseph, voyant son père expiré, se jeta sur » son visage et le baisa en pleurant. Il comman- » da aux médecins qu'il avait à son service d'em- » baumer le corps de son père, et ils exécutèrent » l'ordre qu'il leur avait donné, ce qui dura qua- » rante jours, parce que c'était la coutume d'em- » ployer ce temps pour embaumer les corps » morts. Toute l'Égypte pleura Jacob soixante » jours.

» Joseph mourut ensuite âgé de cent dix ans » accomplis, et son corps, ayant été embaumé, » fut mis dans un cercueil en Égypte. »

Genèse, chap. 50.

Ensevelissement de Jésus.

« Après cela, Joseph d'Arimathie, qui était disciple de Jésus, mais en secret, parce qu'il craignait les Juifs, supplia Pilate qu'il lui per- mît d'enlever le corps, et, Pilate le lui ayant per- mis, il vint, et enleva le corps de Jésus.

» Nicodème, qui était venu trouver Jésus, la première fois, durant la nuit, y vint aussi avec environ cent livres d'une composition de myrrhe et d'aloès.

» Et ayant pris le corps de Jésus , ils l'enveloppèrent dans des linceuls avec des aromates, selon que les Juifs ont accoutumé d'ensevelir.»

Évangile selon saint Jean, chap. 19.

Alexandre fit embaumer et ensevelir le corps de Darius, et l'envoya à Sisigambis, sa mère.

Mort et embaumement
du corps du grand Alexandre (1).

« Quand Alexandre eut dit adieu à ses soldats, il s'étendit dans son lit comme s'il n'eût eu plus rien à faire qu'à mourir, et, faisant approcher ses confidents de plus près, parce que la voix commençait à lui manquer, il tira son anneau du doigt et le donna à Perdicas, lui commandant de *faire porter son corps au temple d'Ammon.* Puis, comme ils lui demandèrent à qui il laissait l'empire, il répondit : Au plus digne, *mais qu'il prévoyait que, sur ce différend, on lui préparait d'étranges jeux funèbres.* Et Perdicas lui ayant demandé quand il voulait qu'on lui rendît les honneurs divins : Lors, dit-il, que vous serez heureux. Ce furent ses dernières paroles, et bientôt après il expira.

(1) Cette histoire est tirée de Quinte-Curce, édition de Vaugelas où se trouvent les suppléments de Jean Freinshemius, tome 2, livre 10, pages 393 et 426.

» Il y avait déjà sept jours que le corps d'A-
lexandre reposait sur son lit de parade sans
qu'on lui eût rendu les honneurs funèbres ; le
soin des affaires publiques et la nécessité de
pourvoir au gouvernement de l'empire avaient
empêché qu'on ne songeât à un devoir si juste.

» Et cependant, lorsqu'on vint à visiter le
corps, on le trouva sain et entier, sans aucune
tache, et même ayant le teint aussi frais et aussi
vermeil que s'il eût été en vie; tellement que les
Égyptiens et les Chaldéens, qui avaient charge
de l'embaumer à leur façon, n'osèrent d'abord
y toucher, croyant qu'il n'était pas mort; mais
après, l'ayant prié de permettre à des mains
mortelles de le toucher, ils vidèrent les entrail-
les et embaumèrent le corps, puis le mirent sur
le trône d'or avec son diadême à la tête, et tous
les autres ornements de l'empire.

» Ptolomée, qui eut l'Égypte en partage, fit
porter le corps de ce grand monarque à Mem-
phis, et de là, quelques années après, à Alexan-
drie, où l'on rend toutes sortes d'honneurs à son
nom et à sa mémoire. »

Savary, dans ses lettres sur l'Égypte, dit que
le corps d'Alexandre, enfermé dans un cercueil
d'or , était déposé dans un temple. L'infâme

Seleucus Cybiosactes viola ce monument, enleva le cercueil d'or et en mit un de verre à sa place.

Saint Augustin dit que c'était la coutume en Égypte d'embaumer les corps, et que les Égyptiens excellaient dans cet art ; et il fait remarquer aussi que l'on apportait quelquefois d'Égypte des corps morts depuis mille ans, dont il dit qu'on faisait d'excellents remèdes (1).

La nécessité, selon Cassien, avait donné lieu à la coutume de l'embaumement, parce que le Nil, dans ses inondations, couvrant la terre fort long-temps, en faisait sortir les corps que l'on y avait ensevelis. Les Égyptiens trouvèrent moyen de les conserver en des lieux élevés, après les avoir embaumés avec les parfums les plus excellents.

Si l'inondation du Nil, en exhumant les corps ensevelis, et en les déposant à la surface de la terre, a donné lieu à l'origine de l'embaumement, le motif des Égyptiens a été louable ; ils ont servi l'humanité en préservant le pays de la peste, qui est un des plus grands fléaux.

Cependant on ne peut pas se refuser à regarder la terre comme la sépulture la plus naturelle

(1) Voyez *Mémoires de Chirurgie militaire*, par M. le baron Larrey, ome 2, page 233, article *Momies*.

a l'homme, sans embaumement : parmi les anciens, quelques-uns l'avaient bien reconnu ; en
effet, Thalès de Milet dit qu'il fallait que les
corps fussent résous en leur première matière,
et rendus à leur première origine.

Cicéron reconnaît aussi qu'il faut rendre à la
terre ce qu'elle nous a prêté.

Cyrus, premier roi des Perses, a prononcé,
dit-on, ces paroles avant de mourir : « Mes
chers enfants, quand j'aurai fini mes jours, ne
mettez point mon corps ni en or ni en argent,
ni en aucun autre cercueil, mais rendez-le à la
terre; car que peut-il y avoir de plus heureux
et de plus souhaitable que de se mêler avec celle
qui produit et qui entretient les plus excellentes
choses? » (Hérodote.)

Cependant Plutarque rapporte qu'on orna le
tombeau de Cyrus de richesses immenses, et
qu'on y mit cette inscription :

« Je suis Cyrus, fils de Cambyse, le fondateur
» de l'empire de Perse, le maître de l'Asie : ne
» m'envie point ce monument où reposent mes
» os. »

Dans la conquête de Perse par le grand
Alexandre, ce superbe tombeau fut pillé et dé-

truit; on en ôta tous les ornements; on enleva aussi le cercueil, qui était d'or massif, et l'on jeta le corps à la voirie.

Alexandre donna l'ordre de réparer le tombeau, d'y remettre le corps, de faire murer la porte du monument, d'y apposer le sceau du roi, et d'y rétablir l'inscription, traduite en langue grecque, et ainsi modifiée :

« O homme, qui que tu sois, et de quelque » part que tu viennes, car je suis assuré que tu » viendras, je suis Cyrus, celui qui conquit l'empire aux Perses, et te prie que tu ne me portes » point envie de ce peu de terre qui couvre » mon pauvre corps. »

Depuis des siècles, malgré tant de soins, les restes de Cyrus, de Darius et d'Alexandre ne sont plus, et même le temps doit finir par effacer de la mémoire des hommes jusqu'au souvenir du nom des monarques qui furent si puissants, et dont les dépouilles mortelles ont été si longuement respectées.

On peut retarder sa dernière destruction, mais on ne peut échapper à la destinée commune :

....Debemur morti nos, nostraque....

Hor., Art p.

Il faut donc nous résigner, car, après avoir cessé de vivre, et avoir été préservés de la corruption par l'embaumement pendant mille ans et plus, qui ne sont qu'un instant dans l'éternelle durée des siècles, comme le globe terrestre n'est qu'un atome dans l'immensité de l'espace, nous devons inévitablement rentrer dissous, divisés, réduits en cendres ou en poussière, ou en vapeur, dans le sein de la terre, de laquelle nous sommes sortis. Mais la terre, qui produit tant de choses, qu'elle reprend bientôt, pour les reproduire de nouveau, et pour les reprendre encore, aurait-elle une existence qui ne doit jamais finir? Je m'arrête; ma faible vue ne pourrait se porter si loin sans s'égarer et sans m'exposer à l'erreur.

Je crois devoir terminer cet article par quelques détails que j'ai extraits de l'ouvrage de Guillemeau, et qui se rattachent naturellement à mon sujet.

Cet ouvrage étant assez rare aujourd'hui, on ne sera peut-être pas fâché de trouver ici décrite la manière dont se faisaient autrefois les funérailles des rois de France, et de pouvoir la comparer avec ce qui a été fait de nos jours.

« Le roi étant mort, son premier médecin et

son premier chirurgien, assistés des médecins et chirurgiens ordinaires de Sa Majesté, se trouvaient à l'ouverture du corps ; ensemble le grand chambellan, le premier gentilhomme de la chambre, le maître de la garde-robe, accompagnés des premiers valets-de-chambre et des valets de garde-robe. Le corps étant mis et posé sur une table couverte d'un grand linceul, le premier médecin en faisait faire l'ouverture par les chirurgiens, pour voir et connaître quelle peut être la cause de la mort, afin d'en faire un rapport vrai, et le signer tous ensemble. »

Voici le rapport de l'ouverture du corps de Charles IX :

« L'an 1574, le jour d'avant les calendes de juin, à quatre heures après midi, l'on fit l'ouverture du corps mort de Charles IX, très-chrétien, roi de France, dans laquelle on aperçut et observa ce qui suit :

« Tout le parenchyme du foie se trouva exsangue et desséché, et les extrémités de ses lobes, vers leurs parties concaves, tendantes à noirceur.

» La vésicule du fiel était dénuée de bile, affaissée sur elle-même et un peu noirâtre. La rate était sans aucun vice.

» Il en était de même de l'estomac, dont le pylore était dans toute son intégrité.

» L'intestin colon était teint de jaune, et d'ailleurs dans son état naturel.

» L'épiploon était d'une mauvaise couleur, exténué à l'excès et brisé en partie, et sans aucune graisse.

» Les deux reins, la vessie de l'urine et les uretères n'avaient contracté aucun vice.

» Le cœur était flasque et comme tabide, et il ne se trouva, contre l'ordinaire, aucune humidité renfermée dans le péricarde.

» Le poumon gauche était tellement adhérent aux côtes jusqu'aux clavicules, contre l'ordre naturel, qu'on ne put l'en détacher sans le rompre et le déchirer; et sa substance était toute pourrie, dans laquelle il s'était formé une vomique, dont la rupture fournit une excrétion purulente putride et de très-mauvaise odeur, et en si grande quantité, qu'elle regorgeait par l'âpre artère, laquelle purulence, ayant intercepté la respiration, avait causé à ce monarque une mort soudaine.

» Le poumon droit était sans adhérence, ayant néanmoins plus de volume qu'il n'en aurait dû avoir naturellement, et il était rempli dans sa partie supérieure d'une humeur pituiteuse, muqueuse et écumeuse, qui tenait beaucoup de la purulence.

» Le cerveau était parfaitement sain. »

Ce rapport est signé par Mazille, premier médecin, Paré (Ambroise), premier chirurgien, Guillemeau, chirurgien ordinaire, et par plusieurs autres médecins et chirurgiens.

Cette pièce est écrite en latin, et pour lui conserver la couleur du temps, j'ai copié ici la traduction française que Devaux a insérée dans son *Traité des rapports en chirurgie.*

« Mais auparavant de faire aucune ouverture de corps (continue Guillemeau), le sculpteur du roi moule et retire le plus naturels qu'il lui est possible, les linéaments de la face du roi, ce qu'il fait en cette sorte, suivant presque la façon des anciens Égyptiens.

» Premièrement il oint et frotte la face du corps du roi avec huile d'amandes douces et pommade ; puis il prend du plastre le plus fin et délié qu'il peut, il le détrempe avec de l'eau et en fait une paste liquide, laquelle est jetée sur toute la face. Comme elle est séchée, et qu'elle a pris tous les linéaments et caractères du visage, il l'en retire doucement. Si le sculpteur reconnaît que son creux soit bien fait, il le garde, et dedans icelui il jette une cire fondue, laquelle retire et remarque tous les traits dudit visage.

» Le visage ainsi bien formé, il fait et y adjoute le reste de la tête, laquelle il proportionne au naturel ; puis il la peint de couleurs vives qu'il fait ressembler le plus qu'il peut au vif de la vraie face du roi.

» A icelle l'on accommode un corps, des bras et des jambes proportionnées à celles du défunt, lequel on revêt et habille de ses habits ordinaires ; puis il est mis sur son lit de parade, auquel il demeure l'espace de quarante jours entiers. Le corps, qui est embaumé, repose sous le lit, sans qu'il soit vu.

» Durant lesquels quarante jours il est servi à disner et souper de pareilles et semblables viandes, par tous les officiers, comme s'il était en pleine vie et santé, assisté de ses gardes nuit et jour, et des plus grands seigneurs de son royaume. Les cardinaux, archevêques, évêques, et autres gens d'église, comme tous les aumôniers, y résident perpétuellement, qui lui célèbrent la messe ; ils chantent, psalmodient et disent force prières et oraisons.

» Les quarante jours expirés, l'effigie, qui est

située et couchée sur ledit lict, ensemble le corps qui l'accompagne, lequel est dedans un grand chariot, tous deux sont portés à Notre-Dame de Paris, accompagnés de toutes les paroisses et autres gens d'église, ensemble de tous les premiers officiers, serviteurs, domestiques, et de là conduits en l'église de Saint-Denis, en laquelle église reposent plusieurs rois de France. »

D'après tout ce qui vient d'être rapporté, on doit apprécier aisément à sa juste valeur le reproche qu'on nous a adressé sur le fait de l'ouverture et de l'embaumement du corps de Louis XVIII.

FIN.

www.ingramcontent.com/pod-product-compliance
Lightning Source LLC
Chambersburg PA
CBHW061116050726
47594CB00005B/1962